PANÉGYRIQUE

DU BIENHEUREUX

J.-G. PERBOYRE

PRONONCÉ LE 7 NOVEMBRE 1890

DANS LA

CHAPELLE DU GRAND SÉMINAIRE DE CAHORS

PAR

M. L'ABBÉ MAGNE

CHANOINE TITULAIRE DE LA CATHÉDRALE

CAHORS

IMPRIMERIE CADURCIENNE, RUE J.-FRANÇOIS CAVIOLE, 2

1890

PANÉGYRIQUE

DU BIENHEUREUX

JEAN-GABRIEL PERBOYRE

CAHORS — IMPRIMERIE CADURCIENNE, PAUL DE LAFAURIE

PANÉGYRIQUE

DU BIENHEUREUX

J.-G. PERBOYRE

PRONONCÉ LE 7 NOVEMBRE 1890

DANS LA

CHAPELLE DU GRAND SÉMINAIRE DE CAHORS

PAR

M. L'ABBÉ MAGNE

CHANOINE TITULAIRE DE LA CATHÉDRALE

CAHORS

IMPRIMERIE CADURCIENNE, RUE J. FRANÇOIS CAVIOLE, 3

1890

Suscitabo mihi sacerdotem fidelem qui juxta cor meum et animam meam faciet et ædificabo ei domum fidelem.

Je me susciterai un prêtre fidèle qui agira selon mon cœur et selon mon âme et je lui bâtirai une maison fidèle. (1er *livre des Rois, ch. 2, § 35.)*

MONSEIGNEUR, (1)
MES FRÈRES,

VOICI que nous touchons au premier anniversaire du jour à jamais mémorable où l'Eglise, par l'organe infaillible du Souverain Pontife Léon XIII, a proclamé Bienheureux notre désormais illustre compatriote, Jean-Gabriel Perboyre, et voici que nous allons voir par conséquent se clore la série des fêtes qu'elle avait établies en son honneur, durant l'année qui vient de s'écouler.

Certes, le spectacle en a été de toutes parts magnifique, grandiose, et j'ajoute consolant, au milieu des tristesses de l'heure présente; nous avons assisté aux manifestations les plus touchantes de la foi et de la piété populaires.

C'est Rome, la Rome catholique, qui a donné le signal de ces fêtes, — avec quel éclat, avec quelle incomparable grandeur, ils pourraient le dire, mieux que moi, ceux qui ont eu le bonheur (et je sais qu'il en est dans cet auditoire) de voir à Rome la journée du 10 novembre 1889.

A ce signal, parti de Rome, on a répondu de tous côtés avec un empressement admirable.

1. Mgr Grimardias, évêque de Cahors, qui présidait cette fête de famille et officiait pontificalement.

Entre toutes les grandes villes, se sont surtout distingués Paris et Lyon; Paris qui a l'avantage inappréciable de posséder dans la chapelle des Prêtres de la Mission, au n° 10 de la rue de Sèvres, les reliques de notre martyr, et Lyon, centre de l'Œuvre de la Propagation de la Foi, qui était fière de saluer en Jean-Gabriel Perboyre son premier martyr béatifié.

Mais c'est surtout le diocèse de Cahors, ce diocèse qui se glorifie de compter Jean-Gabriel Perboyre parmi ses enfants, c'est surtout le diocèse de Cahors qui s'est fait remarquer, — comme cela devait être du reste, — par son zèle à l'honorer.

A la suite de l'église Cathédrale qui nous a offert un spectacle inoubliable dans son Triduum des 11, 12 et 13 février, on a vu presque toutes les églises du diocèse venir successivement et avec des démonstrations véritablement triomphales apporter aux pieds du nouveau Bienheureux leur tribut d'hommages et de prières.

Mais si le cycle des fêtes extraordinaires, établies pour la béatification de Jean-Gabriel Perboyre, est sur le point de se fermer, il nous restera au moins chaque année la consolation de pouvoir célébrer la fête ordinaire de notre martyr, qui a désormais pris sa place dans notre calendrier ecclésiastique (1).

Or, c'est pour célébrer la première de ces fêtes annuelles que vous êtes réunis, jeunes lévites, à qui doit surtout s'adresser ma parole en ce moment.

Ah! ce sera une des grandes grâces de votre vie d'avoir assisté, dès les années de votre éducation cléricale, à l'épanouissement de la gloire de notre Bienheureux et d'avoir ainsi contemplé de bonne heure et dans un des vôtres, comme dans

1. La fête de Jean-Gabriel Perboyre a été fixée pour tout le diocèse de Cahors au 11 Septembre, jour anniversaire de son martyre. Mais ce jour ne convenant pas aux Séminaires, qui sont alors en vacances, la Congrégation de la Mission a obtenu, pour toutes ses maisons, la permission de célébrer cette fête le 7 Novembre.

une apparition soudaine et éblouissante, un des plus beaux idéals de vie sacerdotale qui pût vous être offert.

Vous trouverez dans ce souvenir, nous l'espérons bien, une source de lumière et d'énergie morale qui ne s'épuisera plus.

Puissé-je être assez heureux pour vous le faire comprendre et surtout pour vous le faire sentir, en vous montrant en Jean-Gabriel Perboyre le modèle du prêtre selon le cœur de Dieu. *suscitabo mihi sacerdotem fidelem qui juxta cor meum et animam meam faciet!*

Ce qui me frappe tout d'abord, en étudiant Jean-Gabriel Perboyre, c'est l'unité de cette belle vie; c'est, d'une part, l'enchaînement merveilleux des événements qui la composent, et de l'autre, c'est le développement progressif des vertus qui y brillent.

Tout se lie, tout se tient dans cette admirable existence; il est manifeste qu'il y a là-dessous une pensée maîtresse qui dirige tout, et cette pensée ne saurait être que le dessein même d'après lequel la Providence conduit notre Bienheureux.

Mais ce qui n'est pas moins admirable peut-être, c'est la fidélité avec laquelle Jean-Gabriel correspond aux desseins de la Providence sur lui. C'est, de son côté aussi, une marche toujours ascendante vers la sainteté, sans ces retards, sans ces regards en arrière qu'on remarque même dans la vie d'un grand nombre de saints. On le voit passer, lui, d'une enfance pieuse à une jeunesse plus pieuse encore, et de là à un âge mûr héroïque.

C'est ce que je voudrais essayer de vous montrer en suivant avec vous Jean-Gabriel à une triple école où l'a placé successivement la Providence, je veux dire d'abord à l'école d'une famille chrétienne, dans son pays natal, — ensuite à l'école de Saint-Vincent de Paul, dans les séminaires, — et enfin à l'école de Jésus crucifié, dans les missions.

I

POUR former le Bienheureux Jean-Gabriel, Dieu le mit tout d'abord, disons-nous, à l'école d'une famille chrétienne, dans son pays natal.

C'est bien ainsi du reste que Dieu procède ordinairement dans le choix et la formation de ses apôtres. Il va rarement les saisir tout d'un coup, après les avoir terrassés comme saint Paul sur le chemin de Damas. Tout au contraire, il les mène peu à peu au but qu'il leur assigne; il prépare lentement le terrain où se développera, comme un germe béni, la sublime vocation qu'il leur destine.

Tous les pays lui sont bons pour cette œuvre. Mais il en est cependant qui semblent prédestinés par la Providence à fournir de préférence les élus de l'apostolat. Tel est le noble pays de France; il doit ce privilège à sa foi séculaire, à son caractère chevaleresque, à cet esprit de prosélytisme qui le distingue encore aujourd'hui, malgré le malheur des temps.

Oui, la France, qui fut au Moyen-Age le pays des croisades, reste encore, en plein dix-neuvième siècle, — et c'est là un puissant motif d'espérer pour notre chère et infortunée patrie, — le pays des missionnaires. Ce sont ses enfants, — en grande partie du moins, — qui évangélisent les nations idolâtres; ce sont eux que l'on retrouve partout au loin, sur les pentes de l'Atlas et au sommet des montagnes sauvages de l'Himalaya, sur les récifs de l'Océanie et aux bords des grands fleuves de la Chine. Et c'est à ses missionnaires que la France doit, — sans en être assez reconnaissante, — et sa gloire la plus pure et son principal prestige dans les contrées lointaines.

Mais, même sur la terre de France, le missionnaire ne naît pas également sous tous les soleils. Il est telle de nos provinces où le souffle de l'impiété a produit tant de ravages qu'il semble y avoir tari la source de ces généreux dévouements qui sont pourtant la condition indispensable de toute vocation apostolique.

Il n'en est point ainsi, je me plais à la proclamer, de notre province, de notre cher Quercy. Là, s'est encore conservé, avec les croyances religieuses, quelque chose au moins des pures et fortes mœurs d'autrefois; là, la sève chrétienne est restée, grâce à Dieu, assez généreuse pour y produire non seulement des prêtres en abondance, mais même de nombreux missionnaires. A l'heure où je vous parle, nos missionnaires quercynois sont sur toutes les plages lointaines; il est peu de pays de Missions où nous n'ayons quelque représentant.

N'est-ce pas pour cela, n'est-ce pas pour récompenser notre religieux Quercy de sa fidélité, que Dieu l'a choisi pour y placer le berceau d'un de ses plus glorieux apôtres, du premier missionnaire qui ait reçu au dix-neuvième siècle les honneurs de la béatification? En tout cas, il y a là pour nous une gloire incomparable dont nous devons sentir tout le prix et dont nous devons tâcher de nous montrer toujours dignes.

Oui, il reste vrai que Dieu, ayant décidé dans ses conseils éternels de susciter de nos jours un apôtre, sur le front duquel il ferait resplendir la double auréole de la sainteté et du martyre, est venu le prendre chez nous, dans un coin de notre Quercy, à Montgesty.

Heureuse paroisse de Montgesty, m'écrierai-je, tu n'es point la moindre des paroisses de ce diocèse, *Nequaquam minima es in principibus Juda* (1)! Te voilà désormais consacrée, puisque tu gardes et la maison où naquit un martyr, et l'église où il fut baptisé! Que dis-je? les côteaux qui t'environnent, tes champs, tes bois, tes sentiers vont se revêtir à nos yeux, aux yeux du

1. Math. II, 6.

pieux pèlerin, d'un charme nouveau; leurs fleurs seront plus belles, leur aspect plus riant; à leurs brises printanières se mêleront des parfums plus exquis, je veux dire les parfums de la sainteté. Ces lieux, en effet, ont été sanctifiés par les premiers pas d'un martyr, — ces pas dont il est dit qu'ils sont beaux entre tous les autres, *quam pulchri super montes, pedes annuntiantis et prædicantis pacem* (1)!

Jean-Gabriel Perboyre naquit le 6 janvier 1802, au hameau du Puech, hameau hier encore inconnu, aujourd'hui célèbre dans le monde entier, puisqu'il vient d'être inscrit dans notre martyrologe, pour y recevoir cette immortalité que l'Eglise seule a l pouvoir de décréter d'office et de distribuer à son gré.

Ses parents étaient de simples cultivateurs, et lui-même fut occupé, dès ses premières années, à la garde des troupeaux et aux travaux champêtres.

Il est remarquable que c'est dans cette condition que Dieu vient prendre souvent ses élus, soit que la vie des champs soit plus propre qu'une autre à développer dans l'âme les germes de vertu que le Créateur y a déposés, soit que Dieu veuille par là récompenser les fidèles populations de nos campagnes qui sont à peu près seules aujourd'hui à accepter la mission de fournir les recrues du sacerdoce, au défaut des hautes classes de la société qui n'en veulent plus, sans doute depuis que l'Eglise n'a plus d'honneurs et de richesses à leur offrir.

Quoiqu'il en soit, constatons en passant que les deux missionnaires-martyrs que l'Eglise vient de placer sur les autels, à peu de distance l'un de l'autre, aussi bien Louis-Marie Chanel (2) que Jean-Gabriel Perboyre avaient été, dans leur enfance, de petits pâtres.

Mais si Jean-Gabriel ne trouva pas la fortune proprement dite

1. Isa. LII. 7.

2. Missionnaire de la Société de Marie, martyrisé dans l'Océanie le 28 avril 1841, béatifié le 16 novembre 1889.

sous le toit qui l'avait vu naître, il y trouva quelque chose qui valait incomparablement mieux, je veux dire une école d'honneur, de foi et de vertu. Il eut le bonheur inappréciable d'avoir d'excellents parents, une mère surtout qui était une de ces femmes fortes, comme on en trouve assez souvent même dans les rangs inférieurs de la société, une de ces grandes chrétiennes qui savent s'élever, quand il le faut, le plus simplement du monde, à la hauteur des plus sublimes pensées et des plus généreux sacrifices. Elle le montra bien, cette digne et noble femme, dans plusieurs circonstances, mais surtout en apprenant la mort de son Jean-Gabriel, de son pauvre Chinois, comme elle l'appelait (1).

Du reste, il fut démontré une fois de plus, par l'exemple de cette famille patriarcale, que la génération des justes est une génération divinement bénie, *generatio rectorum benedicetur* (2), puisque des huit enfants qui la composaient, six se sont consacrés à Dieu dans la vie religieuse, sous la bannière de saint Vincent de Paul, et que sur ces six il y eut un martyr!

Ce seul fait nous montre ce qu'on pensait, ce qu'on voulait, ce qu'on rêvait sous ce modeste toit du Puech, à quelle hauteur les âmes y étaient montées; il y avait là des âmes de héros cachées sous les dehors les plus simples et les plus vulgaires.

Tel est le milieu où s'écoula l'enfance de Jean-Gabriel, tel est l'air qu'il respira, telles sont les impressions de foi et de piété qu'il reçut dès ses premières années.

Nul, du reste, ne profita mieux que lui des exemples qu'il eut sous les yeux, et des leçons qui lui furent données. Jean-Gabriel

(1) « Pourquoi hésiterais-je, disait cette digne émule de la mère des Macchabées, à faire à Dieu le sacrifice de mon fils ? La Sainte Vierge n'a-t-elle pas généreusement sacrifié le sien pour mon salut ? D'ailleurs, je ne croirais pas aimer véritablement mon fils, si je m'affligeais, sachant qu'il est maintenant au comble de ses vœux. Si quelque chose eut été capable de me faire de la peine, ç'eut été d'apprendre qu'il eût scandalisé, par une lâche apostasie, ceux qu'il avait convertis. » (*Vie du Bienheureux Jean-Gabriel Perboyre, p. 257.*)

(2) Ps. CXI. 2.

fut un enfant accompli, sans aucune des légèretés ordinaires à son âge. Il faut dire aussi que Dieu l'avait doué du naturel le plus heureux et prévenu de grâces véritablement privilégiées. Toutes les vertus qui peuvent orner l'âme d'un enfant se trouvaient réunies dans l'âme du jeune Jean-Gabriel, et l'on ne savait ce qu'on devait admirer davantage en lui, de son angélique modestie qui s'effarouchait de l'apparence même du mal, de sa piété tendre et naïve qui frappait jusqu'aux étrangers, quand ils le voyaient prier dans l'église de Montgesty, de sa charité compatissante qui le portait à ouvrir spontanément la main pour soulager le pauvre et le malheureux, de son obéissance prompte et absolue aux moindres volontés de ses parents.

Les qualités de l'esprit se développèrent en lui, en même temps que les qualités du cœur, et il montra de bonne heure une vivacité, une pénétration, un sérieux surtout fort au-dessus de son âge. « J'étais encore enfant, aurait-il pu dire avec Salomon, et déjà je me trouvais les lumières d'un âge avancé, et je sentais que j'avais reçu du ciel une âme bonne, *puer eram ingeniosus et sortitus sum animam bonam.* (1)

Aussi était-il l'objet non seulement de l'affection, mais même de la vénération de ses parents et de ses voisins qui, étonnés d'une vertu et d'une intelligence si précoces, se demandaient avec une admiration mêlée d'espérance ce que serait un jour cet enfant, *quis, putas, puer iste erit ?* (2)

Quand Dieu prévient une âme de faveurs si particulières, quand il y conserve surtout, par un privilège assez rare, la grâce du saint baptême dans son intégrité première — tout nous porte à croire qu'il en fut ainsi de Jean-Gabriel, — c'est qu'il veut l'élever au dessus du commun et l'appeler à une vie de perfection.

Rien ne semblait pourtant, tout d'abord, devoir tirer Jean-

1. Sap. VIII, 19.
2. Luc, I, 66.

Gabriel de la vie ordinaire et l'arracher aux occupations des champs. Comme il était l'aîné de la famille, son père avait jeté les yeux sur lui pour lui succéder dans la maison du Puech et y continuer les traditions de piété et de travail qu'il entendait bien laisser à ses enfants comme le meilleur de tous les héritages.

« La mort peut venir me surprendre, quand il plaira à Dieu, disait ce brave homme et ce bon chrétien, je ne crains pas de laisser mes enfants orphelins. Jean-Gabriel leur servira de père. »

Jean-Gabriel, de son côté, ne semblait guère avoir d'autres idées que celles-là, entrevoir pour lui d'autre avenir. Peut-être que, par moments, certains attraits vers le sacerdoce s'étaient fait sentir au fond de son âme. Un jour, par exemple, son père, émerveillé de la manière dont il venait de l'entendre parler des choses de Dieu, lui dit en souriant : « Puisque tu prêches si bien il te faudra te faire prêtre. » L'enfant baissa la tête et versa quelques larmes. Mais ce fut tout, et nous ne voyons pas que cette scène ait eu la moindre suite.

Que les choses suivent donc leur cours naturel et Jean-Gabriel ne verra s'ouvrir devant lui d'autre carrière que celle de son père, il sera un simple cultivateur comme lui, et les trésors de grâces qu'il porte déjà dans son âme resteront peut-être enfouis à jamais.

Mais ne craignez pas ; la Providence veille sur lui, et puisqu'elle lui destine une vocation plus sublime, elle saura bien lui fournir les moyens de l'atteindre, elle saura bien tout d'abord faire naître les circonstances qui lui permettront de la connaître. C'est dans ce but qu'elle va mettre sur son chemin un Ananie chargé de lui indiquer la voie dans laquelle il doit marcher.

Cet Ananie était un prêtre vénérable, oncle de Jean-Gabriel, M. Jacques Perboyre, dont je ne prononce le nom qu'avec respect et dont l'Eglise doit conserver le souvenir avec reconnaissance, à cause de la part immense qu'il a eue dans la formation de notre Bienheureux.

M. Jacques Perboyre, ayant vu la Congrégation de la Mission dont il faisait partie dissoute par la tourmente révolutionnaire, était revenu dans son pays natal, afin d'y utiliser autant que possible les ardeurs de son zèle ; (1) au moment de l'histoire où nous nous trouvons, il travaillait, comme tant d'autres Zorobabels de ce temps-là, à relever les ruines du sanctuaire, et il venait de fonder à Montauban, qui dépendait alors du diocèse de Cahors, un petit séminaire pour les jeunes élèves ecclésiastiques.

Jean-Gabriel fut conduit auprès de lui en apparence par un concours de circonstances tout fortuit, en réalité par la main même de Dieu. Dans les rapports qu'il eut avec son digne oncle, — rapports qui devaient n'être que transitoires et qui se continuèrent ensuite d'une manière réellement providentielle, il sentit s'éveiller en lui la vocation sacerdotale ; des attraits, jusque-là vagues et inconscients, prirent quelque chose de plus net, de plus arrêté, de plus impérieux ; il sentit la lumière se faire sur ses dispositions intimes, et aussi sur les desseins de Dieu à son égard.

Prompt à obéir à la voix qui l'appelle, il a bientôt pris son parti ; il sera prêtre. Il ne lui restait plus, en enfant docile, qu'à obtenir l'acquiescement de ses parents. Quoique cette résolution inattendue fût de nature à contrarier ses vues et à déranger ses projets, son père, en chrétien qu'il était, n'hésita pas à donner son consentement et même à promettre son concours.

Qu'ils soient bénis, au nom de l'Eglise tout entière, les parents de Jean-Gabriel, de ce que, après avoir secondé par leurs exemples et leurs leçons, les heureuses dispositions de leur fils, ils n'ont pas refusé, pour l'accomplissement des desseins de Dieu sur lui, le concours de leurs efforts et de leurs sacrifices !

1. M. Jacques Perboyre fut pendant quelque temps curé de la paroisse de Varaire, dans le canton de Limogne.

Que serait-il arrivé, je vous le demande, si, comme tant d'autres parents aujourd'hui hélas ! ils avaient cherché à contrarier la vocation de leur fils et réussi à y mettre obstacle. Ah ! je tremble à cette pensée. Au lieu d'un martyr dont les travaux et le sang ont fécondé les contrées lointaines et dont la gloire réjouit l'Eglise de Dieu à cette heure, nous aurions eu un excellent chrétien, un bon père de famille, je le veux bien, mais enfin un homme ordinaire dont l'influence n'aurait point dépassé l'horizon borné de son clocher natal.

Et la famille Perboyre elle-même, trompée dans ses calculs tout humains, se serait vue frustrée de cette illustration qui s'attache désormais à son nom et de ces bénédictions que ne peut manquer de répandre sur elle la béatification d'un de ses enfants.

En entendant le récit de la vocation de Jean-Gabriel, jeunes lévites, n'avez-vous pas reconnu votre propre histoire ? Et vous aussi, Dieu est venu vous prendre là-bas, dans cette vallée, dans ce pli de montagne où vous gardiez peut-être, comme Jean-Gabriel, les brebis de votre père, *de post fœtantes accepit eum*, (1) il est venu vous prendre, pour faire de vous des prêtres. Dans ce but, il vous a ménagé le bienfait d'une première éducation chrétienne ; puis, quand le moment a été venu, il vous a envoyé un homme selon son cœur, un saint prêtre — chacun de vous le nomme en ce moment — pour vous faire connaître sa volonté.

Rien ne semblait vous marquer plus que d'autres, extérieurement du moins, pour l'honneur du sacerdoce. Que dis-je ? Peut-être que des raisons particulières, des obstacles en apparence insurmontables, comme la fortune de vos parents ou le besoin qu'ils avaient de vous, semblaient vous fermer à jamais la carrière sacerdotale. Mais tout a cédé devant la désignation de la

1. Ps. 77.

Providence : « C'est celui-là que le Seigneur a choisi, *hunc elegit Dominus* (1). »

Mais si rien n'a manqué, du côté de Dieu, dans votre vocation, comme dans la vocation de Jean-Gabriel, rien n'aurait-il manqué par hasard, de votre côté, du côté de vos dispositions ? A vous de le voir. Puisse en tout cas l'exemple de Jean-Gabriel vous exciter à répondre avec encore plus d'empressement et de générosité à la haute vocation que la Providence vous a assignée, à vous comme à lui !

1. I. Reg. XVI, 8.

II

Quand Jean-Gabriel eut connu clairement sa vocation au sacerdoce et presque en même temps sa vocation à la vie religieuse — pour une âme généreuse comme la sienne, être prêtre et être religieux, c'était tout un — il n'eut qu'un souci, celui d'y répondre et de s'en rendre digne.

Il va quitter Montgesty, pour n'y revenir qu'à de rares intervalles ; c'est à Montauban, c'est à Paris que nous allons le voir désormais.

Ah ! certes, il n'oubliera point sa famille ; il lui restera attaché au contraire par les liens les plus forts et les plus doux. Il n'oubliera point cette maison du Puech, où s'étaient écoulées les années de son enfance ; il se tournera vers elle plus d'une fois, du fond même de la Chine, par la pensée et surtout par le cœur.

Nous en avons la preuve dans ses lettres admirables, qui sont un des grands charmes de sa biographie, et où se révèlent, avec les qualités de son esprit et j'ose même dire de sa plume, les trésors de sensibilité exquise qu'il avait au fond de son âme.

Si donc nous le voyons, à l'occasion de son passage à Cahors, refuser de pousser jusqu'à Montgesty, à la prière de ses parents, en disant que le « chemin du Puech n'était pas le chemin du Ciel, » on aurait grand tort de trouver là une marque d'insensibilité de sa part ; il est plus juste d'y trouver la preuve de l'héroïsme de son âme.

Ah ! c'est que cet intrépide apôtre voulait commencer sa carrière apostolique par un grand sacrifice, le plus grand de tous, le sacrifice de sa famille et de son pays. Il avait entendu la parole du divin Maître : Celui qui aura quitté sa maison, ses frères, ses sœurs, son père, sa mère, à cause de moi, aura le centuple en ce monde et la vie éternelle en l'autre, *qui reliquerit domum, vel fratres, aut sorores, aut patrem, aut matrem... propter nomen meum, centuplum accipiet et vitam œternam possidebit* (1) — et il entendait bien l'accomplir à la lettre et jusqu'au bout.

Dieu, du reste, afin de le récompenser d'avoir ainsi sacrifié, pour lui, sa famille selon la nature, va lui faire trouver une nouvelle famille, une famille spirituelle, la famille de Saint Vincent de Paul ; et si, dans la première, Jean-Gabriel s'est formé aux vertus qui font le chrétien, dans la seconde il va se former aux vertus qui font le prêtre et le religieux.

Suivons-le un instant à cette nouvelle école où le place la Providence.

De bonne heure Jean-Gabriel s'était senti porté vers Saint Vincent de Paul par un attrait tout particulier ; encore enfant, il faisait ses délices de la lecture de la Vie de ce grand saint. Et à vrai dire je ne m'étonne pas de cet attrait. Je remarque en effet entre ces deux âmes des ressemblances frappantes, une parenté manifeste. La nature semblait les avoir coulées dans le même moule. Sans parler des similitudes qu'il est facile de remarquer dans les circonstances de leur origine et de leur première éducation, on découvre dans l'une et dans l'autre une même trempe d'esprit et de caractère, une même sûreté de jugement, une même droiture de volonté, une même bonté d'âme, une même simplicité de manières. Et je serais tenté, en rapprochant Jean-Gabriel de Saint Vincent de Paul, le disciple du maître, de lui appliquer le vers du poète :

Sic oculos, sic ille manus, sic ora ferebat. (2)

Et cette ressemblance que la nature avait déjà ébauchée, la

1. Matth. XIX, 29.

2. « Voilà son air, son port, son maintien, son langage ;
» Ce sont les mêmes traits..... » (Virg. Enéide, III, 490 — trad. Delille.

grâce et l'éducation allaient encore la compléter et la perfectionner.

Entre toutes les Œuvres créées ou organisées par le génie charitable de Saint Vincent de Paul, il n'en est pas qui lui méritent la reconnaissance de la postérité autant que l'Œuvre des Séminaires. Si je m'adressais à un auditoire autre que celui-ci, je me verrais peut-être obligé de prouver ma proposition et je m'exposerais à trouver des contradicteurs. Nos incrédules modernes ne comprennent pas l'utilité des séminaires ; quand ils rencontrent sur leur chemin une de ces maisons saintes où vivent assemblés comme des frères les aspirants au sacerdoce, ils crient à la superstition et à la barbarie ; ils se plaignent, ils s'indignent de voir ces jeunes existences arrachées, disent-ils, aux communes joies de la vie, soustraites au courant général de l'activité humaine.

Pourtant, il n'est point d'institution plus admirable que celle des séminaires, puisque c'est là que se forme ce qu'il y a de plus grand ici-bas, — le prêtre. Prendre des jeunes gens dans l'ardeur de leurs vingt ans, les retremper dans la solitude, les purifier par la pénitence, les transfigurer par l'humilité, les assouplir sous la verge heureuse de l'obéissance, les élever peu à peu dans les clartés de la science sacrée, les échauffer sous la flamme de l'amour divin, et puis, cette œuvre terminée, les coucher par terre, sur les dalles de nos temples, aux jours des saintes ordinations, pour les consacrer prêtres et les envoyer ensuite à la conquête des âmes, — quoi de plus grand et quoi de plus beau ! Or c'est l'Œuvre des séminaires.

La patrie n'est guère moins intéressée du reste que l'Eglise dans cette grande Œuvre, surtout quand cette patrie est une nation catholique, surtout quand cette patrie s'appelle la France.

Hélas ! ce n'est pas ainsi que bien des gens l'entendent aujourd'hui, vous le savez bien. L'Œuvre des séminaires est menacée, sérieusement menacée par l'impiété contemporaine.

Aussi entendez l'Eglise pousser un cri d'alarme et protester autant qu'il dépend d'elle, en voyant qu'on veut toucher à cette œuvre de sa sagesse.

N'est-ce pas pour cela même, — s'il m'est permis de hasarder une conjecture, — n'est-ce pas pour répondre à ce besoin du moment qu'elle vient de placer Jean-Gabriel Perboyre sur les autels ? Il y a là une coïncidence qui n'a certainement pas échappé à votre piété éclairée.

Quand un grand fait comme celui-là, comme la béatification d'un saint, vient à se produire, à un moment donné de l'histoire de l'Eglise, on peut être certain qu'il n'arrive pas sans quelque dessein particulier de la Providence, dessein qui demeure quelquefois longtemps caché et ne se manifeste que dans la suite des siècles, mais dessein aussi qui souvent se laisse entrevoir du premier coup, parce qu'il est destiné à produire immédiatement son effet.

Lorsque, il y a bientôt trois ans, l'Eglise béatifiait le Vénérable Jean-Baptiste de La Salle, un des principaux fondateurs de l'enseignement religieux et populaire en France, précisément au moment où un enseignement impie cherchait à s'introduire parmi nous et menaçait l'âme de nos enfants, il y avait là incontestablement une opportunité qu'on peut appeler providentielle. Or n'y a-t-il pas, je vous le demande, une opportunité du même genre, à venir, — à cette heure où nos séminaires sont menacés sinon dans leur existence, au moins dans leur recrutement. — à venir placer sur les autels, pour faire éclater sa gloire et par conséquent aussi sa puissance, un saint qui, avant d'être un martyr, a été l'homme des séminaires ?

Oui, Jean-Gabriel Perboyre a été, pendant la plus grande partie de sa vie, l'homme des séminaires. Ce sont les séminaires qui l'ont formé d'abord, qui l'ont fait ce qu'il est ; et certes ils ont bien le droit d'être fiers de leur œuvre. C'est dans les séminaires que Jean-Gabriel a trouvé son idéal, la pensée inspiratrice de sa vie. Je m'explique.

Tout homme qui aspire à de grandes choses doit avoir dans son esprit un idéal. Qu'est-ce qu'une grande vie en effet ? Une grande vie, a dit quelqu'un très justement, c'est une idée de jeunesse réalisée dans l'âge mûr. Or pour les jeunes aspirants au sacerdoce, le séminaire, c'est le lieu et le temps de l'idéal. Cet idéal, le jeune homme qui comprend la grandeur de sa vocation, le cherche ardemment, passionnément, durant les années de sa préparation sacerdotale ; il le cherche partout et toujours, il le cherche dans les études approfondies de la science sacrée, il le cherche dans ses prières ferventes auprès des saints Tabernacles et aux pieds de son Crucifix, il le cherche jusque dans ses rêves, et quand il l'a seulement entrevu, il n'a qu'un désir, celui de travailler déjà à le réaliser dans sa vie de chaque jour.

Or, où trouvons-nous cet idéal ? Tout d'abord sans doute et foncièrement en Jésus-Christ, en Jésus-Christ modèle parfait et type éternel du prêtre, *sacerdos alter Christus*. Mais ce type, unique au fond, se diversifie en se reproduisant dans la vie des saints, suivant les différences de caractères, je dirai même de nationalités, — ainsi que le rayon de soleil, en passant à travers le prisme, s'y décompose en couleurs variées. Autre ce type nous apparaît en Saint François d'Assise, autre en Saint Dominique, autre en Saint Ignace de Loyola, autre en Saint Philippe de Néri, autre en Saint Vincent de Paul. A chacun de nous de choisir selon son attrait surnaturel.

Pour Jean-Gabriel, vous le devinez, il eut bientôt choisi ; il fut aidé dans ce choix par les circonstances où le plaça la Providence. C'est sous les traits de Saint Vincent de Paul, — qui est du reste, il faut bien le dire, comme le type par excellence du prêtre français, — qu'il conçut son idéal de vie sacerdotale. Et nous aurons assez dit pour la gloire de notre Bienheureux en affirmant (ce qui est vrai) que, s'il n'a pas complètement réalisé cet idéal, il s'en est du moins approché de très près.

Oui, ces vertus que nous admirons en Saint Vincent de Paul ;

cette humilité profonde qui était peut-être sa note caractéristique et qui le portait à se regarder comme le rebut de ses semblables ; cette douceur inaltérable, au milieu même des plus grandes contrariétés, douceur qui était la marque de la pleine possession où il était de lui-même et qui donnait tant de charme à toute sa personne ; cet esprit de détachement, cette mortification de chaque instant par laquelle il faisait de son corps et de tout son être comme un holocauste à la Majesté divine ; cette charité débordante, qui se traduisait par une sorte de compatissance universelle pour les misères humaines et par le zèle le plus ardent du salut des âmes ; et par dessus tout cette habitude d'union à Dieu, ce recueillement continuel, au milieu des occupations les plus multiples, cet esprit d'oraison en un mot qui en ont fait un des grands modèles et un des grands maîtres de la vie intérieure, — toutes ces vertus, elles éclatent aussi en Jean-Gabriel Perboyre, de sorte qu'on peut dire que nul n'a mieux reproduit que lui la physionomie morale de saint Vincent de Paul.

On les voit poindre en lui, dès le Petit Séminaire, dans le rayonnement de sa belle et pure adolescence, — s'accentuer un peu plus tard dans la ferveur de son noviciat, — et atteindre enfin leur plein développement au séminaire interne de Paris, où il était venu faire ses études théologiques et se préparer immédiatement au sacerdoce. C'est comme une lumière éclatante qui croît, qui grandit sans cesse, jusqu'à ce qu'elle arrive au jour parfait, *justorum semita quasi lux splendens, procedit et crescit usque ad perfectum diem* (1). Ce jour parfait arriva pour Jean-Gabriel le 23 septembre 1825 où il reçut l'ordination sacerdotale, — qui est en effet comme le point culminant dans la vie d'un prêtre. Chose digne de remarque pour le sujet qui nous occupe, c'est aussi le 23 septembre que saint Vincent de Paul avait été ordonné prêtre !

1. Prov. IV, 18.

A partir de ce moment, il va répandre ses rayons autour de lui et les répandre d'abord dans les séminaires. Ce sont les séminaires qui avaient élevé Jean-Gabriel, ce sont eux aussi qui vont avoir les prémices de son zèle apostolique. Ce type du saint prêtre qu'il avait déjà formé en lui, d'après le modèle offert par saint Vincent de Paul, il va maintenant le former dans les autres, au Grand Séminaire de Saint-Flour, où il montre, en sa qualité de professeur de Théologie, tout ce qu'il avait amassé de connaissances dans les diverses branches de la science sacrée ; au Petit Séminaire de la même ville, dont il devient le supérieur, malgré sa jeunesse, et où il déploie des qualités exceptionnelles pour le maniement des hommes et l'administration même des choses temporelles, faisant voir ainsi que l'esprit pratique peut très bien s'allier avec la sainteté ; mais surtout au Séminaire de Paris, où on lui confie la mission importante d'élever les novices de la Congrégation, en leur communiquant l'esprit de saint Vincent de Paul dont il était plein lui-même.

Vous aussi, chers lévites, vous êtes dans cette maison bénie à l'école de saint Vincent de Paul ; ce sont ses fils qui élèvent votre jeunesse cléricale ; c'est son esprit que des maîtres dévoués cherchent à vous inspirer par leurs leçons et mieux encore par leurs exemples. Vous en profiterez pour devenir de saints prêtres, des prêtres selon le cœur de Dieu, à l'exemple de Jean-Gabriel. En cela vous ne ferez que continuer les traditions de vos devanciers. Voilà deux siècles et demi que le clergé de ce diocèse est formé à la science et aux vertus sacerdotales par les héritiers de l'esprit de saint Vincent de Paul. Vous n'ignorez pas en effet que ce séminaire a été le premier fondé par ce grand saint, en province du moins, à la demande du Vénérable Alain de Solminihac, alors évêque de Cahors. (1)

Me sera-t-il permis, à cette occasion, d'exprimer encore

1. Maynard : *Vie de saint Vincent de Paul*. T. II. p. 188.

une conjecture que j'ai fort à cœur ? La voici. J'aime à penser pour ma part que nous devons Jean-Gabriel Perboyre aux prières réunies de saint Vincent de Paul et du Vénérable Alain de Solminihac et je me plais à voir, dans cet immense honneur qui nous a été fait par le choix de l'un de nos compatriotes, en même temps qu'un nouveau gage de l'amitié qui unissait sur la terre et qui unit encore certainement dans le ciel ces deux saints et illustres amis, le sceau d'une alliance nouvelle et plus étroite encore entre le clergé de ce diocèse et la postérité de saint Vincent de Paul.

III

TOUT ce que nous savons déjà de Jean-Gabriel nous montre en lui un saint, dans la complète signification du mot. On cherche un défaut dans cette belle vie et on n'en trouve pas ; on se demande quelle est la vertu qui y manque, et on n'en trouve pas davantage.

Telle était en effet l'impression qu'il produisait autour de lui, partout où il passait, — une impression de sainteté. C'est un saint, disait-on de lui de toutes parts. « J'avais toujours désiré, disait un prêtre de la Mission, rencontrer un saint dans ma vie : j'avais souvent demandé à Dieu cette grâce. Avant de connaître M. Perboyre, je n'avais rien trouvé qui répondît à l'idée que je m'étais faite d'un saint. Mais aussitôt que je l'eus connu, à Paris, il me sembla que mes vœux étaient exaucés. »

Au reste, la marque ordinaire par laquelle Dieu manifeste la sainteté de ses élus, c'est le miracle. Or cette marque ne fit point défaut à Jean-Gabriel, même de son vivant. Nous savons en effet par un témoignage tout à fait digne de foi que Dieu lui accorda un jour, dans les communications ineffables du saint autel, une faveur accordée à plusieurs saints prêtres, notamment à saint Philippe de Néri, — en l'élevant jusqu'à l'extase proprement dite.

Mais si, avant d'être un martyr, Jean-Gabriel était déjà un saint consommé, il faut dire cependant que le martyre, en même temps qu'il allait faire resplendir cette sainteté, allait aussi l'accroître dans d'immenses proportions.

Comment la Providence va-t-elle faire de lui un martyr ? Par quelles voies nouvelles va-t-elle le conduire ? Quel est le maître nouveau à l'école duquel elle va le placer ? Ah ! c'est ici surtout qu'il est vrai de dire que nous n'avons qu'un maître, — Jésus-Christ : *Magister vester unus est Christus (1)*. Pour former un martyr, les hommes n'y peuvent rien ; il y faut les leçons, il y faut les exemples, il y faut la main du Divin Crucifié.

Il y avait longtemps que Jean-Gabriel s'était mis à cette école. Le Crucifix avait été l'alphabet de son enfance, le livre de son âge mûr ; il aurait pu dire de lui, ce que saint Paul disait de lui-même, qu'il ne savait qu'une chose, — Jésus crucifié. Et ce n'était point là une science purement spéculative ; cette science, il la faisait passer, par la pratique d'une mortification admirable, dans sa vie de chaque jour, de sorte qu'il aurait pu ajouter, toujours à l'exemple de saint Paul, qu'il était cloué à la croix avec Jésus-Christ : *Christo confixus sum cruci (2)*.

Mais ce fut surtout en entrant dans la carrière du martyre, qu'il se plaça à cette école ; ce fut alors que le disciple s'appliqua à marcher sur les traces du Maître, ce fut alors que le Maître mit une sorte de complaisance à façonner le disciple à son image.

Pour être martyr, il fallait d'abord être missionnaire ; et tel était bien aussi le désir le plus ardent de Jean-Gabriel. « Je serai missionnaire, » s'écriait-il dès l'âge de quinze ans, à la suite d'une prédication qu'il venait d'entendre. Et il n'était entré dans la Congrégation de la Mission, disait-il plus tard, que pour réaliser ce rêve de sa jeunesse.

Avant de le voir s'accomplir, même une fois prêtre, il lui fallut attendre encore dix ans ; dix ans de mortelles angoisses, durant lesquels il fut obligé de contenir au dedans de lui la passion des âmes qui le consumait, — jetant un regard lointain et mélancolique vers ces contrées infidèles d'où il lui semblait entendre partir des appels pressants et mystérieux ; portant envie

1. Matth. XXIII, 10.
2. Galat. II, 19.

à ceux de ses frères et même de ses enfants spirituels qui, plus heureux que lui, étaient choisis pour l'apostolat des Missions, s'adressant tour à tour aux hommes, dans la personne de ses supérieurs, et à Dieu, quand les hommes étaient sourds à sa prière, pleurant aux pieds de son Crucifix, frappant à la porte du Tabernacle, afin d'obtenir la faveur tant désirée.

Ses efforts paraissaient avoir définitivement échoués. Pour lui ouvrir la carrière apostolique, comme pour lui ouvrir la carrière sacerdotale, il fallait un coup de la Providence. Ce coup arriva le 2 février 1835. Je n'ai pas à vous raconter comment ses supérieurs en effet, après avoir refusé jusque-là l'autorisation demandée, soit à cause de la santé de Jean-Gabriel qu'ils jugeaient trop chancelante, soit à cause des services plus considérables, croyaient-ils, qu'il rendait au noviciat de Paris, en formant lui-même des apôtres, se décidèrent enfin tout à coup à la lui accorder. Cette histoire vous est connue (1).

On devine la joie de Jean-Gabriel, en apprenant cette nouvelle ; et ce qui augmentait encore son bonheur, c'est qu'on lui avait assigné la Chine comme but et théâtre de son apostolat. La Chine, cette immense contrée de l'extrême Asie, avec ses trois cents millions d'habitants, que le démon tient encore sous son empire, a toujours tenté le zèle des missionnaires. On les voit venir périodiquement, malgré les insuccès précédents, frapper avec une sainte obstination à toutes ses portes. Plus même elle leur offre de périls, avec ses lois impitoyables et ennemies de toute immixtion étrangère, avec sa civilisation raffinée plus à craindre que la barbarie elle-même, plus elle a d'attraits pour

1. Le Conseil de la Congrégation était à peu près unanime à refuser l'autorisation demandée. Cependant un de ses membres, M. Etienne, — le même qui devait plus tard, en qualité de supérieur général, recevoir les restes vénérés de Jean-Gabriel, rapportés de Chine, — proposa de soumettre la décision du cas au médecin de la maison. Celui-ci s'opposa d'abord au départ : mais il changea d'avis du soir au lendemain, tourmenté qu'il avait été pendant toute la nuit par la pensée de la responsabilité qu'il avait encourue devant sa conscience.

ces âmes vaillantes, plus elle exerce sur elles de fascination. Jean-Gabriel aimait la Chine aussi parcequ'elle avait été arrosée des sueurs et du sang du Vénérable Clet martyrisé en 1820, qu'il s'était depuis longtemps proposé pour modèle.

Il part donc pour sa destination lointaine et s'embarque au Havre, le 16 mars 1835, le cœur joyeux et plein de confiance. Mais là, en face de l'immensité de l'Océan, une pensée vient le saisir tout à coup, comme un rayon du Ciel qui lui servira de guide durant toute la route ; cette pensée, c'est le souvenir de son frère Louis, de ce jeune missionnaire, de douce et pure mémoire, qui était mort, il y avait cinq ans, en traversant ce même Océan et avant d'atteindre les rivages de la Chine.

Je ne suivrai point Jean-Gabriel dans les péripéties de cette longue et pénible traversée, et j'ai hâte d'arriver avec lui à Macao. M'y voilà ! tel est le cri de son âme ardente et avide de sacrifice, en arrivant dans cette ville. Pour comprendre tout ce qu'il y avait d'héroïque dans ces trois mots échappés à sa plume, il faut savoir que la procure des Missions à Macao était, en 1835 surtout, comme le premier noviciat du martyre. C'est là que les nouveaux arrivés, l'œil fixé sur le péril, s'étudiaient à perdre assez la physionomie européenne pour pouvoir au moins franchir la frontière qui les séparait de la croix.

Après trois mois de séjour à Macao, Jean-Gabriel part pour le Ho-Nan, vaste province du centre de la Chine, qui devait être tout d'abord le champ de son apostolat. Vous dire ce qu'il eut à endurer, pendant ce long voyage, au milieu d'une population hostile où il risquait à chaque instant d'être découvert et arrêté, à travers un immense pays coupé de fleuves et de montagnes qui lui opposaient une barrière presque infranchissable, serait chose impossible. Mais rien ne peut décourager notre missionnaire, pas plus les difficultés qui lui viennent du côté de la nature que celles qui lui viennent du côté des hommes. « J'aurais au besoin grimpé avec les dents, dit-il dans une de ses lettres, pour suivre la voie que la Providence m'avait tracée. »

Ce qu'il fit dans le Ho-Nan et deux ans plus tard dans le Hou-Pé, province voisine, où il fut ensuite appelé, on le sait ; il y fit le rude et glorieux métier des apôtres. Caché le jour, il parcourait la nuit les vastes régions où quelques rares chrétiens étaient disséminés au milieu des infidèles, — prêchant, catéchisant, confessant, consolant, réformant les abus, et trouvant à peine le temps, au milieu de ces travaux, de reposer sur un misérable grabat ses membres fatigués.

Les années 1836, 1837, 1838 et 1839 furent remplies par ces héroïques labeurs, qu'aucune parole ne peut décrire, et que l'imagination même parvient difficilement à se représenter. Un évêque des Missions (1) en donnait autrefois un charmant tableau dans une lettre qu'il avait intitulée *les Plaisirs du Missionnaire*, parce qu'en effet, pour ces grandes âmes, c'est une joie de souffrir et de mourir tous les jours. Jean-Gabriel connut amplement ces plaisirs et il les goûta avec ivresse.

Cependant, si l'on considère et la durée de son apostolat, et les travaux dont il a été rempli, et les résultats qu'il a produits, on ne voit pas qu'il diffère sensiblement de celui de tant d'autres missionnaires dont le nom est sans doute inscrit, comme le sien, au livre de vie, mais dont la gloire, au moins sur la terre, est loin d'égaler la sienne. Ah ! c'est que la gloire de Jean-Gabriel a été surtout dans sa mort ; pour lui, comme pour Jésus-Christ dont il allait devenir le disciple de plus en plus fidèle, sa grande œuvre, ça été de mourir. Jean-Gabriel a été martyr, et c'est tout dire en un mot, *appellavi martyrem, prædicavi satis* (2). Le martyre est, en effet, le dernier degré de la charité, et la charité est la plus excellente de toutes les vertus; et quand le martyre

1. Mgr Retord.
2. S. Ambr. : De Virg.

surtout vient se joindre à l'apostolat, il lui communique une grandeur et une fécondité dont rien n'approche ici-bas.

Mais ce qui distingue, entre tous les autres, le martyre de Jean-Gabriel c'est, outre sa durée, qui n'a pas été de moins d'un an (1), et l'atrocité des supplices qui l'ont rempli, la ressemblance frappante qu'il offre avec la mort de Jésus-Christ. Nous assistons ici à un fait peut-être unique dans les Actes des Martyrs, — je veux dire à une reproduction fidèle de la Passion de notre divin Sauveur. C'est de la part de la Providence une application constante, par le concours de circonstances qu'elle ménage, à faire de Jean-Gabriel une copie vivante du divin Crucifié ; et c'est aussi de la part de Jean-Gabriel une application constante, par les sentiments et les dispositions dans lesquels il s'établit, à rendre cette copie aussi exacte que possible. On pourrait souligner chaque trait du martyre de notre héros par une parole de l'Evangile.

Je ne ferai que signaler ces rapprochements, qui sont désormais devenus familiers à votre piété.

Pour Jean-Gabriel, comme pour Jésus-Christ, c'est tour à tour le Jardin des Olives, le Prétoire, le Calvaire ; c'est l'agonie d'abord, — prélude obligé de la Passion, — agonie terrible qui vient fondre sur lui sans cause apparente et qui le plonge dans des désolations intimes, dans des craintes inexplicables sur son salut, *cœpit pavere et tædere* (2) ; — mais bientôt c'est la consolation qui descend du ciel, c'est l'ange du Seigneur, ou plutôt c'est le Seigneur lui-même qui, dans une vision miraculeuse, vient le réconforter, *apparuit angelus de cælo confortans eum* (3) ; — puis c'est la persécution qui éclate, c'est l'attaque soudaine et à mains armées, *ecce turba multa cum gladiis et fustibus* (4) ; —

1. Le martyre de Jean-Gabriel Perboyre a duré du 16 septembre 1839, jour de son emprisonnement, au 11 septembre 1840, jour de sa mort.

2. Marc XIV. 33.

3. Luc XXII. 43.

4. Matth. XXVI. 47.

c'est la trahison d'un de ses disciples qui le vend, lui aussi, trente pièces de monnaie, *quid vultis mihi dare et ego vobis eum tradam (1)*; — c'est la prison, avec ses lourdes chaînes, *comprehenderunt et ligaverunt eum (2)*, avec la société des malfaiteurs, qu'il parvient à attendrir, par le spectacle de sa douceur et de sa résignation incomparables, *cum sceleratis reputatus est (3)*; — ce sont des interrogatoires sans fin, pour lesquels on le promène de tribunal en tribunal, *adducunt eum à Caïpha in prætorium (4)*, et où il fait éclater une sagesse et une fermeté admirables, tantôt par son silence, *ille autem tacebat (5)*, tantôt par l'affirmation de sa foi et de sa mission divine, *tu dicis, quia sum ego (6)*; — c'est la flagellation, qu'on lui applique à coups de rotins, un nombre incalculable de fois, avec des raffinements de cruauté inouïs, et où brille surtout, — je ne crains pas de l'affirmer, la force surhumaine de notre martyr, *apprehendit eum Pilatus et flagellavit (7)*; enfin (pour abréger), c'est la croix qui se dresse aux portes d'Ou-Tchang-Fou (8), comme autrefois aux portes de Jérusalem, la croix à laquelle Jean-Gabriel se laisse attacher, à l'exemple de la Grande-Victime, sans proférer une plainte ni un murmure, la croix sur laquelle il rend le dernier soupir, *crucifixerunt eum (9)*. Et ce sera désormais sous cette image de la croix que la piété catholique viendra vénérer Jean-Gabriel, comme elle y vient, depuis dix-neuf siècles, adorer Jésus-Christ. Regardez : entre le Maître et le Disciple, la ressemblance est complète.

1. Matth. XXVI, 15.
2. Joan. XVIII, 12.
3. Isa, LIII, 12.
4. Joan. XVIII, 28.
5. Marc. XIV, 61.
6. Joan. XVIII, 37.
7. Joan. XIX 1.
8. Ville importante de la Chine, chef-lieu du Hou-Pé, sur le Yang-Tsé-Kiang.
9. Joan. XIX, 18.

Et maintenant, jeunes lévites, oserai-je encore proposer Jean-Gabriel, je ne dis pas à votre admiration, mais à votre imitation? Oserai-je, en face de cette croix, vous dire encore une fois : *Inspice et fac secundum exemplar (1)?* Oui, je l'oserai. Sans doute, il n'est point probable que vous soyez réservés, comme notre Bienheureux, à l'honneur du martyre, — quoique cependant nul de nous ne puisse dire d'une manière absolue ce à quoi il doit s'attendre, dans les temps troublés que nous traversons et en face des incertitudes de l'avenir. Mais si vous n'avez pas à craindre, — ou plutôt à espérer, — le martyre du sang, il y a un autre martyre que je vous annonce et auquel vous n'échapperez pas, c'est le martyre qui est inhérent à toute vie sacerdotale. Quand Jésus-Christ fait à quelqu'un l'honneur de l'associer à son sacerdoce, il l'associe inévitablement aussi à ses souffrances. Tout prêtre, — oh! ne l'oubliez jamais, chers lévites, de peur de ne rien comprendre plus tard au mystère de votre vie sacerdotale, tout prêtre doit être une victime; tout prêtre doit accomplir en lui, suivant l'étonnante et énergique expression de saint Paul, ce qui manque à la passion de Jésus-Christ, *adimpleo quæ desunt passionum Christi (2).*

Ah! soyez sans crainte, pour accomplir cette loi de votre vie sacerdotale, les occasions ne vous manqueront pas, — aujourd'hui moins que jamais. Vous arrivez, en effet, à une heure particulièrement triste et sombre; c'est l'heure de la Passion. Nous assistons à une recrudescence de haine contre le sacerdoce, et pour trouver la persécution sur votre chemin, vous n'aurez pas besoin d'aller la chercher dans les contrées infidèles; la persécution, elle est là près de nous.

Jamais peut-être l'opposition faite au prêtre n'avait été ni poussée si loin, ni partagée par un si grand nombre d'esprits.

1. Exod. XXV. 40.
2. Coloss. I. 24.

Elle s'est traduite, comme toute forte passion, par un mot inventé tout exprès et désormais inauguré dans notre vocabulaire, par un mot qui est pour nous un titre de gloire et dont ils voudraient faire un titre d'ignominie, — le mot de clérical. Il n'est point, vous le savez, de qualification plus compromettante que celle-là aujourd'hui; elle appelle infailliblement sur la tête de celui qu'elle désigne les dédains, les injures et à un moment donné les fureurs de la passion populaire.

Il est peu de prêtres aujourd'hui, peu de curés qui ne trouvent au fond de leur presbytère de ville ou de campagne un Jardin des Olives, sur la place publique un Prétoire et souvent un Calvaire.

Mais que fais-je, ô mon Dieu? Ne vais-je point, par ce langage peut-être imprudent, effrayer ces lévites qui m'entendent? Ne m'exposé-je point à en voir quelques-uns s'en aller tristes et découragés, comme le jeune homme de l'Evangile, *abiit tristis* (1)? Non, je sais à qui je parle, et je ne crains pas; je ne crains pas d'adresser à cette jeunesse qui m'écoute, la parole que Jésus-Christ adressait aux deux fils de Zébédée : *potestis bibere calicem*, pouvez-vous boire ce calice (2)? Je suis sûr de la réponse : nous le pouvons, *possumus* (3).

Cependant, chers lévites, n'oubliez pas que, pour être à la hauteur de cette situation nouvelle qui vous est faite, les vertus ordinaires ne suffisent plus ; il y faut une trempe de caractère plus énergique, il y faut surtout une intelligence plus haute et plus pratique de la croix. Préparez-vous à acquérir ces vertus, durant les années bénies de votre éducation cléricale. Jean-Gabriel vous aidera par ses exemples et par sa protection. Il sera là désormais au milieu de vous, l'intrépide et glorieux

1. Matth. *XXI*, 22.
2. Matth. *XX*, 22.
3. Ibid.

martyr, pareil à l'aigle qui provoque ses petits à voler et qui, étendant ses ailes, vole au-dessus d'eux, *sicut aquila provocans ad volandum pullos suos et super eos volitans, expandit alas suas* (1),

Ah ! quand cette sublime vision du martyre passera sous vos yeux, — et elle ne peut pas ne pas y passer de temps en temps, puisqu'elle est désormais fixée parmi vous sous les traits du Bienheureux Perboyre, — de grâce, ne la repoussez pas ; mais ayez le courage de la regarder en face, afin d'exciter en vous, par cette vue, de saints désirs, de généreux enthousiasmes, ou au moins afin de vous encourager à marcher d'un pas chaque jour plus résolu dans la voie du sacrifice et de l'immolation.

O Bienheureux Jean-Gabriel, je viens de parler de vous à cette religieuse assistance ; permettez qu'en terminant je m'adresse à vous, pour vous parler de nous, pour vous confier nos intérêts, sans doute les intérêts généraux de l'Eglise auxquels vous ne sauriez rester indifférent, mais surtout les intérêts de cette triple famille, à laquelle vous rattachent des liens plus étroits, et dont Dieu vous a donné (nous pouvons le penser au moins) plus spécialement la garde : *Et ædificabo ei domum fidelem.*

Cette puissance d'intercession dont vous êtes maintenant investi dans le ciel, exercez-la, nous vous en supplions, d'abord en faveur de ce coin de terre qui vous a vu naître et où vous comptez encore tant de parents (2) et tant d'amis, en faveur de ce

1. Deut. *XXXII.* 11.

2. Il reste encore un frère de Jean-Gabriel, prêtre de la Mission comme lui, et deux sœurs, toutes deux filles de la Charité.

On nous permettra de signaler aussi parmi les nombreux parents du Bienheureux, trois de nos vénérés confrères : M. Boisset, chanoine titulaire de la Cathédrale, M. Caviole, curé-doyen de Catus, M. Courbès, curé de Crayssac.

diocèse de Cahors, où vous avez trouvé notre première école de vertu et de sainteté, afin qu'il reste toujours fidèle à ses traditions chrétiennes, ferme dans sa foi, malgré les courants contraires qui soufflent aujourd'hui de toutes parts.

Exercez-la ensuite en faveur de cette seconde famille où vous avez reçu votre formation sacerdotale et religieuse et où vous avez dépensé les premières ardeurs de votre zèle, en faveur des séminaires. Me trompé-je ? O Bienheureux Jean-Gabriel, il me semble entrevoir, dans l'empressement que la Providence a mis à vous placer de nos jours sur les autels, comme un indice du secours qu'elle a voulu ménager, par votre protection, aux séminaires, au milieu des épreuves de l'heure présente.

Protégez donc ces maisons saintes, cette portion si chère de l'Eglise de Dieu, contre la malice de l'enfer qui voudrait y tarir, — ou ce qui est plus infernal encore, — y corrompre, s'il le pouvait, les sources même du sacerdoce.

Protégez la jeunesse qu'on y élève et qui est le sacerdoce de l'avenir, afin qu'elle nous prépare des prêtres comme il nous les faut aujourd'hui, des prêtres faits à votre image.

Protégez surtout ceux qu'une main violente vient arracher au recueillement des saints autels, pour les jeter au milieu d'un monde qui n'était pas fait pour eux ; aidez-les à traverser victorieusement cette épreuve et à en sortir, comme les jeunes Hébreux de la fournaise, plus purs encore et plus vigoureux, parce qu'ils auront été plus éprouvés.

Enfin exercez votre puissance d'intercession en faveur des Missions lointaines, de cette Mission de Chine surtout, dont vous avez été un des plus glorieux apôtres, que vous avez fécondée de vos sueurs et de votre sang ; demandez à Dieu qu'il suscite de nouveaux et intrépides ouvriers qui aillent y continuer votre œuvre, y cultiver ce que vous avez semé ; demandez à Celui qui est assez puissant pour transformer les pierres elles-mêmes en enfants d'Abraham d'amollir ce sol de granit, qui est la Chine, de le disposer à recevoir la bonne semence de l'Evangile, afin que, dans cet immense Empire, encore soumis au démon, comme par toute la terre, le nom de Notre-Seigneur Jésus-Christ soit loué, adoré et aimé. Ainsi-soit-il !